Ayya Khema

Liebe ohne Geheimnis

AF202815

Ayya Khema

Liebe
ohne Geheimnis

JhanaVerlag

Jhana Verlag im Buddha-Haus
www.jhanaverlag.de oder www.buddha-haus.de

Bibliografische Information der Deutschen Bibliothek
Die Deutsche Bibliothek verzeichnet diese Publikation in
der Deutschen Nationalbibliografie;
detaillierte bibliografische Daten sind im Internet über
http://dnb.ddb.de abrufbar

ISBN 978-3-931274-05-4

Titelfoto: Nyanabodhi Bhikkhu
Umschlaggestaltung: Jörg Hoffmann jhpDESIGN
Satz: Claudia Wildgruber
Druck: Druckerei Steinmeier GmbH & Co.KG, Deiningen

Vorwort

Liebe bringt Glück und Frieden in unsere Welt. Der Buddha zeigt uns den Weg des Herzens, der in die vollkommene Freiheit führt.

Vielleicht kann dieses Büchlein einigen Menschen ein Freund und Begleiter auf der inneren Reise zu neuen Horizonten sein.

Ayya Khema
Buddha-Haus, Uttenbühl
im Dezember 1995

Liebe ohne Geheimnis

„Die höchste Kraft ist Liebe."

Meister Eckhart

„Nicht so viel denken, mehr lieben."

Teresa von Avila

„Wer's Unsagbare sich ersehnt,
Der sei im Herz ergriffen ganz."

Buddha (Dhammapada Vers 218)

Wir können aus diesen Zitaten entnehmen, dass dort, wo ein spirituelles Leben angestrebt wird, die Liebe den ersten Platz einnimmt. Aber im Allgemeinen verstehen wir unter Liebe nicht das, was hier mit Liebe gemeint ist.

Zunächst wollen wir davon sprechen, was wir unter Liebe verstehen. Es gibt verschiedene Arten, die wir vielleicht schon kennengelernt haben. Zuerst einmal kennen wir die Liebesbeziehung von einer Person zu einem oder mehreren Menschen. Diese Liebesbeziehung ist mit Erwartung und Anhaften verknüpft und daher von Furcht durchsetzt, denn Anhaften erzeugt Angst vor Verlust. Angst ist gleichbedeutend mit Hass, was uns vielleicht noch nie ganz klar geworden ist, aber wir können nur vor dem Angst haben, was wir ablehnen. Vor dem, was wir lieben, haben wir keine Angst. Das bedeutet natürlich nicht, dass wir die Menschen hassen, mit denen wir eine Beziehung haben, sondern dass wir die Möglichkeit des Verlustes hassen und daher ist diese Art Liebe mit Angst und Unreinheiten durchsetzt und hat ewige Probleme, manchmal große, manchmal kleine.

Wenn wir uns dann andere Menschen suchen, haben wir dieselben Schwierigkeiten wieder. Auf diese Art und Weise wird die Liebe nie das Größte in unserem Leben sein, sondern sie wird immer Enttäuschungen bringen. Aber diese Enttäuschungen sind darauf zurückzuführen, dass wir

Erwartungen an die Liebe zu anderen Menschen haben. Das kann nicht funktionieren.

Anhaften und Anhänglichkeit werden in den Worten des Buddha als die nahen Feinde von Liebe bezeichnet. Sie sind nah, weil sie uns so ähnlich vorkommen. Wir hängen an den Menschen, die uns angeblich gehören und »mein« sind. Sie gehören uns natürlich nicht. Intellektuell ist uns das zwar klar, aber emotionell können wir diese Tatsache kaum nachvollziehen. Da wir an unseren Liebsten anhaften, haben wir Verlustangst und können vor allem unser Herz nicht erweitern.

Wenn ich an etwas anhafte, beispielsweise an diesem Sitz hier, kann ich nicht in die Weite gehen. Wir wollen nur das Beste für diese Menschen und lieben sie heiß und innig. Wir glauben, sie gehören uns oder wir gehören ihnen, wir kümmern uns um sie, manchmal viel zu viel, sorgen uns um sie und machen uns Gedanken über ihre Zukunft. Das Resultat ist nie das Höchste und Größte, nie die spirituelle Entwicklung des eigenen Herzens, sondern nur weiteres Anhaften. Allerdings gibt es uns wenigstens eine Idee davon, was es bedeutet, Menschen zu lieben. Dieses Gefühl kann sozusagen als ein Samenbeet für Liebe angesehen werden. Aber davon ist nicht die Rede, wenn die spirituellen Meister und Religionsgründer von Liebe sprechen.

Es gibt andere Möglichkeiten der Liebe, die nicht ganz so anhaftend sind, aber uns auch nicht so stark berühren. Viele Menschen lieben die Natur. Sie fühlen sich sehr wohl, wenn sie zu den Blumenwiesen, Wäldern und Bergen hinausgehen und sich dort in Ruhe hinsetzen können. Aber auch das ist nicht mit Liebe gemeint, denn es ist nicht vollkommen erfüllend und läutert unser Herz nicht so, dass wir eine neue Weltsicht bekommen.

Der Grund dafür ist, dass wir uns als separat und eigenständig empfinden. Dort sind die Blumen und da bin »ich« und dort sind Wiesen und Wälder, Berge und Wolken und hier bin »ich«. Und »ich« sehe und beobachte das alles. In dieser Separation ist es unmöglich, sich so hinzugeben, dass das Herz effektiv eine Totalität empfindet.

An sich gibt es überhaupt keine Außenstehenden. Unsere neuen Naturwissenschaften, wie die Quantenphysik, haben längst festgestellt, dass es keinen Beobachter gibt, sondern nur Teilnehmer. Jeder ist am Geschehen beteiligt. Aber setzen wir uns einmal in einen Garten und versuchen, uns wirklich als einen Teil des Ganzen zu fühlen. Zwischen Wissen und Fühlen besteht ein großer Unterschied. Ob wir nun die Quantenphysik studiert haben oder nicht, ist unwichtig. Es kommt nur darauf an, dass wir lernen, uns so zu fühlen, als wäre wirklich alles eins. Denn das ist eine Herzensangelegenheit und hat nichts mit Wissen zu tun. Wenn wir dieses Gefühl tatsächlich haben, ist uns klar, dass die Schöpfung wirklich eins ist. Solange wir darüber nachdenken, glauben wir es vielleicht oder auch nicht, wie es uns gerade passt.

Zur Natur können wir schon ein Liebesgefühl empfinden, aber nicht das, was hier gemeint ist, eben weil wir uns separat fühlen. Dasselbe gilt bei anderen Menschen. Obwohl dieser Ansatz wichtig ist, um das Gefühl der Liebe überhaupt erst einmal kennenzulernen, ist dies dennoch mit Getrenntsein verbunden. Dort ist der andere und da bin ich. Diese Trennung und Abgrenzung machen es uns unmöglich, uns vollkommen hinzugeben. Denn, wenn ich mich in meiner Begrenzung empfinde, wie kann ich mich dann hingeben? Dieselbe Schwierigkeit besteht bei Blumen, Wiesen und Wäldern. Manchmal sagen wir, dass es uns leichter fällt, Tiere oder die Natur zu lieben. Das ist verständlich, denn diese antworten wenigstens nicht. Aber es handelt sich um dieselbe Schwierigkeit, dass wir uns von ihnen getrennt fühlen. Diese Separation von anderen gibt uns immer wieder das Gefühl und das Erleben der Dualität, die wir im Allgemeinen die Marktplatzmentalität nennen. Das bedeutet, dass wir etwas geben und Gleichwertiges zurückbekommen möchten.

Nun stelle man sich das bei Liebe vor, und jeder hat sicher schon einmal in der Weise gedacht: „Wenn ich so viel liebe, dann will ich auch genauso viel zurückgeliebt werden." Wer soll das abwägen? Diese Art Waage ist noch nicht erfunden, wäre auch sinnlos, dennoch wird es immer wieder gemacht. Diese Dualität ist auf einer optischen Täuschung aufgebaut, die aber so stark ist, dass sie jeder glaubt. Wir können nur üben und praktizieren, um über diese optische Täuschung hinwegzukommen.

Vielleicht können wir uns erst einmal klar werden, dass das Gefühl der Dualität und Separation die Grundlage für jedes Problem bildet. In der Dualität gibt es morgen und gestern, du und ich, wir und sie, haben und nicht haben, mehr sein, anerkannt werden, ... all das spielt sich auf der Marktplatzebene ab, die wir alle genau kennen, und mit der wir natürlich zu gewissen Zeiten gezwungenermaßen leben müssen.

Aber wir merken eines Tages, dass uns diese Bewusstseinsebene nicht volles Glück bringen kann. Die Erkenntnis, dass es mehr als eine Bewusstseinsebene gibt, ist die Öffnung zur Transzendenz. Selbst wenn wir uns nicht immer auf einer höheren Bewusstseinsebene befinden können, weil wir uns mit unseren täglichen Verpflichtungen und dem Lebenserwerb abgeben müssen, so haben wir doch ein ganz anderes inneres Gefühl, wenn wir wenigstens von ihr wissen.

Es gibt noch eine Art und Weise, wie vielleicht manche Menschen Liebe verspüren. Allerdings ist das heute nicht mehr so populär, wie es einmal war. Die Liebe zu Gott. Wir nennen es die Liebe zu *Nibbāna* (*Nirvāṇa* in Skrt.). »*Nibbāna*« und »Gott« können wir als gleichwertige Konzepte ansehen, denn jedes Wort, das wir verwenden, ist nur ein Konzept, das in einer gewissen Sprache verstanden wird. Teilweise sind die Worte aber so belastet, dass das Konzept nicht die Wahrheit vermittelt. Die Belastung der Worte Liebe, Gott und *Nibbāna* ist so stark, dass die meisten Menschen unsicher werden, wenn sie sich den Sinn dieser Worte überlegen wollen. Diese Worte bringen zum Ausdruck, dass es Erfahrungsmöglichkeiten ganz anderer Bewusstseinsebenen gibt. Aber wir haben nur Worte, mit denen wir die Kommunikation aufrechterhalten können, und so müssen wir erst einmal bei diesen Konzepten mehr Klarheit schaffen.

Liebe zu Gott wird häufig missverstanden,

weil es sich dabei um einen anderen handelt und wieder eine Dualität geschaffen wird. Da ist Gott und da bin ich, oder da ist *Nibbāna* und da bin ich. Diese Dualität und Abgrenzung machen es dann äußerst schwierig oder sogar unmöglich, uns voll hinzugeben und wirkliche Liebe zu empfinden. Solange wir Liebe in der Dualität erleben, kann sie nicht die reine und wahre Liebe sein, das Größte, das in uns existiert.

Da wir alle vielleicht wenigstens ein- oder zweimal im Leben empfunden haben, was es bedeutet zu lieben, so ist uns dieses Gefühl nicht völlig fremd. Es ist nur wichtig, einen Schritt weiterzugehen und nicht stehenzubleiben, wo die Menschheit im Allgemeinen stehenbleibt, nämlich bei ihren Begrenzungen, Dualitäten und Trennungen. Auch das Gefühl, dass da etwas ist, das ich lieben kann, weil es liebenswert ist, bedeutet Bewertung und nicht Hingabe. Das ist übrigens bei den Worten »Gott« und »*Nibbāna*« auch unklar. Wieso wissen wir denn, dass sie liebenswert sind? Wie haben wir das festgestellt? Wir kennen doch beides noch gar nicht. Wohl haben wir eine Idee, eine Sehnsucht, was auch hilfreich und richtig ist. Wir sehnen uns nach Vollkommenheit, doch wenn wir statt »Gott« oder »*Nibbāna*« das Wort »Vollkommenheit« gebrauchen würden, würde es uns vielleicht viel klarer werden, was wir wollen.

Die Suche nach Gott haben wir im Allgemeinen den Mönchen und Nonnen überlassen, wenn überhaupt jemandem. Aber wenn wir unsere Suche als Wunsch nach Vollkommenheit bezeichnen, dann wird uns vielleicht deutlicher, was unsere innere Sehnsucht ist. Wie können wir denn wissen, ob etwas überhaupt liebenswert ist, wenn wir es noch nie kennengelernt haben? Es ist, als ob wir etwas ganz Fremdes lieben wollen und daher die Schwierigkeit des Liebens haben. Wie können wir etwas lieben, was wir nicht kennen? Daher sind die Worte »Liebe zu Gott« oder »Liebe zu *Nibbāna*« einfach nur Ideen.

Aber wenn wir in uns selbst einmal spüren, dass wir eine tiefe innere Sehnsucht empfinden, die zu einer transzendierenden Vollkommenheit und einem Totalitätsgefühl führen kann, mit dem wir alles umarmen können, dann haben wir vielleicht einen viel klareren Blick, was wir mit unserem Leben anfangen möchten. Heute ist für uns alle der erste Tag vom Rest unseres Lebens. Was möchten wir damit tun? Es kann sein, dass wir so weiterleben wollen wie bisher. Aber die meisten Menschen, die bis hierher gelesen haben, sind schon an einem Punkt angelangt, an dem sie sagen: „Nein, nicht ganz so wie bisher. Vielleicht geht es doch etwas anders." Da müssen wir uns aber noch überlegen, was wir nun tun möchten.

Diese drei Möglichkeiten des Liebegefühls – Liebe zu anderen Menschen, zur Natur und zu Gott – sind alle nicht erfüllend, weil wir unser »Ich«-Gefühl als Hindernis und Barriere haben und dadurch abseits und separat sind. Wir können aber Schritte unternehmen, um das Höchste und Größte in uns durch Herzensläuterung zu entwickeln. Diese Schritte sind vom Buddha verdeutlicht und erklärt worden, das heißt wir können lieben lernen. Im Allgemeinen erscheint uns das fremd, denn wir hatten uns vorgestellt, und es wurde uns auch erzählt, dass Liebe ein

Glückszufall sei, vor allem wenn es beiderseitig ist. Also haben wir auf einen solchen Glückszufall gewartet und dabei lauter Unfälle erlebt, weil sich dieser Glückszufall selten gerade so ergibt, wie wir uns das vorgestellt haben. Am Ende glauben wir vielleicht gar nicht mehr, dass eine Liebesbeziehung überhaupt möglich sei. Diese Idee ist aber total irrig, und wenn wir das jetzt lesen, ist es uns sicherlich klar, dass hier ein Fehlgedanke herrscht. Dennoch sind wir alle diesem Fehlgedanken bestimmt schon verfallen gewesen, wenn wir ihm nicht noch immer verfallen sind.

Wir haben unendlich viele Institutionen, wo wir den Geist schärfen, Informationen bekommen und uns mit Wissen anfüllen können. Nirgends ist eine Institution zu finden, in der wir das Herz läutern und lernen können, uns mit Liebe anzufüllen. Daher müssen wir es uns selbst beibringen. Die meisten Menschen brauchen dazu genaue Anweisungen, denn es ist nicht ganz einfach. Die Lehre des Buddha ist so einfach, dass sie jeder verstehen kann. Man kann die Anweisungen in einfache Worte fassen, aber dennoch kann sie nicht jeder nachvollziehen, weil sich viele nicht dieser Mühe unterziehen möchten. Alles, was wir neu lernen, ist mühevoll, und wir müssen daran arbeiten. Außerdem sind wir auch von unserer Wohlstandsgesellschaft sehr beeinflusst, in der wir die Dinge, die wir haben wollen, kaufen können. Liebe ist weder käuflich noch verkäuflich. Auch die Herzensläuterung können wir nicht kaufen, wir können nur üben, und das braucht Zeit, Geduld und Stetigkeit.

Es ist sozusagen eine Erwachsenenschulung von morgens bis abends und nicht nur eine Abendschule. Wir nehmen natürlich nur teil, wenn wir erkannt haben, dass alles, was wir bisher ausprobiert haben, uns nicht die erhoffte Erfüllung gebracht hat. Die Welt, die wir kennen, ist voll von Angeboten und viele davon versprechen sogar, dass sie uns total glücklich machen werden, wenn wir nur hinkommen oder das Entsprechende kaufen. Das Angebot des Buddha sieht ganz anders aus: Wir müssen nicht nur kommen und die Anweisungen hören, sondern auch damit arbeiten und sie innerlich nachvollziehen, was etwas mühevoller ist.

Der Buddha hat sich selbst nur einen Wegweiser genannt. Der von ihm beschriebene Weg fängt mit dem ersten Schritt der Großzügigkeit, der Freigebigkeit, dem Verschenken an, was auf vielen Ebenen möglich ist. Hier sprechen wir davon, so viel Liebe zu verschenken, wie wir im Herzen tragen. Wenn wir sie immer wieder verschenken, ist es sicher klar, dass sie ohne Schwierigkeiten wächst und sich vermehrt. Das ist ein Naturgesetz, das sich auf alles bezieht. Aber das glaubt kaum jemand. Wir könnten es ausprobieren: Je mehr wir verschenken, desto mehr werden wir haben. Wir müssen also Liebe immer wieder verschenken und uns nicht überlegen, ob derjenige, dem wir sie schenken, wirklich liebenswert ist. Das bedeutet, dass wir das Beurteilen und Verurteilen loslassen, mit dem wir viel beschäftigt sind. Es ist ein ganz beliebtes Gesellschaftsspiel. Aber wir sind nicht dazu geschaffen, um zu be- und verurteilen, sondern um zu lieben.

Auf diesem kleinen Erdball herrscht ständig

Unruhe und Menschen erleben unendlich viel Leid, weil es keine Harmonie gibt. Die einzige Hoffnung, um miteinander auszukommen, liegt darin, uns gegenseitig zu lieben. Das Problem, das wir dabei haben, ist zweifach. Erstens einmal kennen wir uns selbst schon etwas und finden uns nicht so liebenswert. Wir suchen daher jemanden, der uns bestätigt, dass wir trotz unserer Fehler und Schwächen liebenswert sind. Wir sind dann mit dieser Suche nach Bestätigung beschäftigt, statt uns darauf zu konzentrieren, unser Herz zu läutern, sodass wir die Liebe in uns erwecken können. Das zweite Problem ist, dass wir von unseren eigenen, nicht so liebenswerten Eigenschaften auf andere schließen und dadurch lieblos sind. Wir lehnen das ab, was nicht so liebenswert an uns und an dem anderen ist, und die Liebe hat keine Möglichkeit sich zu entfalten.

Wir vergessen dabei, dass uns auf diese Art und Weise unser eigenes Glück abhanden gekommen ist. Solange wir be- und verurteilen, sind wir im Zwiespalt. Wir glauben vielleicht, dass wir klug sind. Warum auch nicht? Aber macht uns das glücklich? Das ist ein interessantes Phänomen unserer menschlichen Gesellschaft. Überall gibt es neue Erfindungen, Möglichkeiten, mehr Komfort zu haben, mehr zu kaufen und zu besitzen, aber wer ist glücklich? Ein wirklich glücklicher Mensch ist eine absolute Rarität. Wenn wir einen wirklich glücklichen Menschen finden, bei dem wir spüren, dass er inneren Frieden gefunden hat, dann sollten wir uns sofort erkundigen, wie er das gemacht hat. Nichts könnte interessanter sein.

Alle spirituellen Meister sind sich darüber einig, dass Herzensläuterung Liebe bedeutet und wir sie ohne Be- und Verurteilung verschenken sollten. Wenn eine Mutter ihre Kinder liebt, so weiß sie wohl, dass Kinder oft Dummheiten machen und Streiche aushecken, Dinge tun, die fehl am Platz sind. Die Liebe der Mutter wird sich nicht verflüchtigen, wenn sich das Kind momentan nicht liebenswert benimmt. Dies ist eine der Möglichkeiten, die uns der Buddha als Wegweiser gegeben hat, uns wie eine Mutter anderen Menschen gegenüber zu empfinden. Wir können uns einmal vorstellen, wie uns zumute wäre, wenn alle Wesen unsere Kinder wären. Würden wir dann auch be- und verurteilen, oder würden wir einfach das Unliebsame zur Kenntnis nehmen und weiterlieben?

Für diejenigen, die selbst Kinder haben, ist dies ein ganz besonders deutlicher und bedeutsamer Weg, um einmal zu erkennen, ob wir überhaupt schon Liebe in uns erweckt haben. Wir können den Unterschied zwischen der Liebe zu den eigenen Kindern und der Liebe zu anderen feststellen. Wir brauchen darüber nicht lange nachzudenken. Der Unterschied in unseren Gefühlen ist gewaltig. Der Buddha hat gesagt, dass alle Menschen, die wir in diesem Leben treffen, bereits unsere Kinder gewesen sein könnten. Diejenigen, mit denen wir besonders nahe Beziehungen haben, waren ganz sicher einmal unsere Kinder. Wenn sie uns nicht gefallen, so können wir uns daran erinnern, dass es unsere eigene Saat ist, deren Frucht wir bekommen.

Wenn wir einmal anfangen, auf diese Weise andere Menschen zu betrachten, so empfinden wir eine große Erleichterung. Wir können unsere Ansichten und Meinungen über andere fallen lassen und unser Herz sprechen lassen. Dies ist unser tägliches Übungsfeld, die Läuterungsarbeit, die wir leisten können, und jeder Mensch, den wir treffen, ist Ziel dieser Bemühung. Das bedeutet nicht, dass wir von heute auf morgen jeden lieben können. Das wäre wunderbar, aber so schnell geht es leider nicht. Aber wir können sofort jeden Menschen, den wir treffen, als ein Übungsfeld ansehen. Wir können feststellen, ob wir eine Herzensverbindung zu diesem Menschen herstellen können, oder ob wir nur an der Oberfläche bleiben oder gar ablehnend sind, oder ob unsere Verbindung nur von Kopf zu Kopf, von Gedanken zu Gedanken besteht.

Besonders im Westen sprechen wir im Allgemeinen von Kopf zu Kopf statt von Herz zu Herz. Wenn eine Unterhaltung von Herz zu Herz stattfindet, so fühlen wir uns enorm berührt. Da nur wenige Menschen solche Unterhaltungen in Gang bringen, können wir versuchen, sie zu beginnen.

Wir können sowieso nicht darauf warten, dass andere ihr Herz läutern. Es ist schon schwer genug, uns selbst zu verändern. Wenn wir einmal probiert haben, einen anderen zu ändern, dann wissen wir ganz genau, dass es ein hoffnungsloses Unterfangen ist. Ändern wir aber uns selbst, ändern wir auch unsere Umwelt. In dem Moment, in dem wir auch nur den kleinsten Schritt tun, um unsere Liebesfähigkeit zu vergrößern und zu manifestieren, werden unsere Mitmenschen davon beeinflusst. Wenn unsere Liebesfähigkeit stärker wird, kann sie sich weiter ausbreiten. Unsere Umwelt ist unser Spiegel, wie wir sie empfinden, wird von unserem Herzen bestimmt. Wenn wir an der Läuterung unseres Herzens arbeiten, ändern wir nicht nur uns selbst, sondern wir ändern die Welt um uns herum.

Es gibt ein universelles Bewusstsein, zu dem wir alle Zugang haben, aber nur in dem Ausmaß wie unser eigenes Bewusstsein entwickelt ist. Wenn wir also hasserfüllt sind, so haben wir Zugang zu dem hasserfüllten, universellen Bewusstsein. Sind wir aber liebevoll, so öffnen wir uns dem liebeserfüllten, universellen Bewusstsein. Ferner teilen sich unsere eigenen Bewusstseinsebenen dem universellen Bewusstsein mit, sodass die Entwicklung unserer Liebesfähigkeit die Liebe in dem universellen Bewusstsein vergrößert. Nichts hat Grenzen oder Absolutheit, alles ist davon abhängig, was wir selbst empfinden.

Der erste Schritt des Verschenkens kann auf der Ebene des Materiellen geübt werden. Auch dabei müssen wir unsere Ichbezogenheit momentan vergessen und an das »Du« denken. Wir überlegen uns, was wir einem anderen geben und wie wir ihn erfreuen können. Wenn dies auch nur Gedanken von kurzer Dauer sind, so ist es dennoch ein Läuterungsprozess. Wir haben die Möglichkeit, unsere Fähigkeiten, unsere Zeit, unsere Aufmerksamkeit zu verschenken. Wir können Liebe verschenken, ohne irgendwelche Unterschiede zu machen, wer sie bekommt. Dies muss nicht unbedingt in Worte gekleidet werden, obwohl das eine große Hilfe sein kann.

Wenn wir Liebe empfinden, sollten wir es sagen. In unserer Gesellschaft werden diese

Worte nur zu gewissen Gelegenheiten benutzt. Wieso begrenzen und beschränken wir uns derart, dass wir nur besondere Ereignisse dafür verwenden, um jemandem zu sagen, dass wir ihn oder sie lieben? Wahrscheinlich haben wir Angst, dass wir nicht wiedergeliebt oder falsch verstanden werden. Macht es denn etwas, ob wir wiedergeliebt oder richtig beurteilt werden? Die Hauptsache ist doch, dass wir lieben und es auch zeigen. Wir sollten natürlich die Worte nur verwenden, wenn sie ein Ausdruck unseres Gefühls sind. Wir können unser Liebesgefühl auch in Taten bezeugen oder aber nur das reine Gefühl in uns erweitern und vergrößern, ohne zu reden oder zu handeln.

Jeder spürt, welches Gefühl aus einem anderen Menschen herausfließt. Es ist eine statistische Tatsache, dass Worte nur sieben Prozent unserer Kommunikation ausmachen. Die anderen 93 Prozent liegen auf der nicht-verbalen Ebene, die das Gefühl als Grundlage hat. Wir müssen also weder sprechen noch handeln, wenn wir das Liebesgefühl in uns entwickelt haben, weil es dennoch anderen Menschen durch die Gefühlsebene vermittelt werden kann.

Das Verschenken, die Freigebigkeit, die Großzügigkeit erweitern das Herz, auch wenn sie erst einmal nur auf der materiellen Ebene stattfinden. Das Erweitern des Herzens und das Vergessen des Ichs sind die Hauptsache dabei.

Jeder Mensch hat irgendwelche Probleme, auch wenn sie oft nur unbedeutend sind. Probleme können wir aber nur haben, wenn wir an uns selbst denken. Es ist unmöglich, eigene Schwierigkeiten zu empfinden, wenn wir uns mit anderen Menschen und deren Wohlergehen beschäftigen. Erst wenn wir be- und verurteilen, das heißt unsere eigene Meinung wieder zum Ausdruck bringen, können innere Spannungen entstehen. Aber wenn wir an einen anderen denken und diesen durch unsere Liebesfähigkeit, Großzügigkeit, Freigebigkeit beglücken wollen, dann herrscht Glück in uns und um uns herum.

Im Prinzip ist es ganz einfach, Glück und Frieden zu empfinden, und jeder kann dies verwirklichen. Es ist jederzeit möglich, mit dieser

Übung anzufangen, wobei Geduld mit uns selbst von großer Wichtigkeit ist, denn wir sind anders vorprogrammiert und müssen daher zuerst das alte Programm löschen. Das ist gar nicht so selbstverständlich, denn das alte Programm heißt »haben wollen«, »werden wollen«, »bekommen«. Erst wenn wir dieses Konzept losgelassen haben, können wir das neue in uns aufnehmen.

Es funktioniert nicht allzu gut, wenn wir beide nebeneinander laufen lassen. Aber wo immer wir das alte fallen lassen, können wir das neue Prinzip in uns erwecken. Wenn wir das tun, dann haben wir sehr bald eine andere Weltsicht und auch eine andere Ichsicht. Dann wird uns vielleicht klar, warum wir leben. Das ist eine Frage, die sehr oft aufgeworfen wird, vielleicht gar nicht in Worten, sondern nur in Gedanken. Oft wird diese Suche mit viel Tätigkeit beantwortet. Dann brauchen wir uns nämlich mit der Problematik nicht mehr zu beschäftigen. Manche Menschen beantworten diese Frage nach Sinn und Zweck des menschlichen Lebens mit Anhänglichkeit an andere Menschen. Manche glauben, dass mehr

Wissen oder mehr Besitztum Lebenssinn darstellen. Aber nichts davon funktioniert richtig. Es bleibt immer noch ein Gefühl der Sehnsucht nach Vollkommenheit. Diese Sehnsucht können wir nur erfüllen, wenn wir unser Herz füllen.

Dazu gehört auch die tägliche Meditation und Kontemplation, eine Zeit der Verinnerlichung. Die Meditation eröffnet die Möglichkeit, einmal das Denken aufzugeben und stattdessen unser inneres Sein zu erleben. Wenn der Moment des Erlebens ohne Denken eintritt, dann erkennen wir die Reinheit unseres eigenen Herzens. Selbst wenn wir das nur ganz kurz erleben, so wissen wir dennoch, dass wir hier etwas Neues in uns selbst gefunden haben. Bis dahin haben wir für jegliche Wahrnehmung unsere Sinne benutzt: sehen, hören, riechen, schmecken, berühren oder denken. (In der buddhistischen Terminologie ist denken der sechste Sinn.) Mit diesen sechs Sinnen arbeitet die ganze Menschheit und erlebt durch Ansichten und Meinungen alles als Dualität, fern von Einfachheit und Einigkeit. Vieles, was wir durch unsere Sinne erleben, gefällt uns, vieles auch nicht. Manches wollen wir haben, manches loswerden.

Es gibt jedoch eine ganz andere Ebene des Erlebens, die durch die Meditation erreichbar ist. Auch das ist nicht schwierig, wenn wir stetig tagtäglich üben und auch einmal eine längere Zeitspanne für die intensivere Meditation einräumen. Dann wissen wir aus eigener Erfahrung, dass in unserem Herzen die Reinheit wohnt und die Liebesfähigkeit vollkommen vorhanden ist, wenn nur das Denken einmal aufhört.

Daher hat Teresa von Avila gesagt: „Nicht so viel denken, mehr lieben." Meister Eckhart hat immer wieder davon gesprochen, dass wir die Seele nicht dazu verwenden sollen, etwas abzuwägen, weil das uns immer wieder in das Denken und die Dualität zurückwirft.

Selbstverständlich müssen wir im täglichen Leben denken und erwägen, um unseren Lebensunterhalt zu verdienen und unseren Verpflichtungen nachzukommen. Aber wenn das alles sein sollte, was in diesem Leben geschieht, dann haben wir nach den Worten des Buddha ein wertvolles menschliches Leben vergeudet. Denn durch die Meditation kommt zum Vorschein, dass wir viel größere Fähigkeiten haben, als nur durch unsere Sinne wahrzunehmen.

Wir müssen uns aber vollständig hingeben und unseren Eigenwillen und unsere Ansichten aufgeben, um den Zugang zu unserem inneren Sein zu finden, wo Ruhe, Frieden und Klarheit herrschen. Das ist auch ein ganz wichtiger Punkt bei dem Lernprozess der Liebe. Es geht nicht um die Hingabe an andere Menschen, die Natur, ein Ideal oder eine Idee, sondern um die Hingabe an die Liebe selbst. Wenn wir das einmal erwägen, so wird uns sicherlich klar, dass es möglich ist, sich der Liebe hinzugeben.

Ebenso verhält es sich bei der Meditation. Wir können nur meditieren, wenn wir uns der Meditation ganz hingeben. Solange und so viel wir uns selbst behalten wollen, so wenig können wir lieben oder meditieren. Für beides gilt das gleiche Prinzip. Jeder, der in der Meditation nicht geübt ist, hat das Problem des »Festhaltenwollens«. Manche sprechen dies sogar ganz deutlich aus, indem sie sagen: „Ich habe Angst, die Kontrolle zu verlieren." Ein Mensch, der noch unglücklich werden kann, hat überhaupt keine Kontrolle über seinen eigenen Geist. Wenn wir unseren Geist und unsere Reaktionen wirklich unter Kontrolle hätten, würden wir bestimmt nicht freiwillig unglücklich werden. Ein Erleuchteter denkt, was er denken will, und lässt sich nicht in irgendeiner Weise beeinflussen.

Angst, die Kontrolle zu verlieren, bedeutet die Angst davor, dass das »Ich« nicht mehr im Mittelpunkt steht, sondern kurze Zeit losgelassen werden muss, um sich der Meditation hinzugeben. Obwohl wir meditieren wollen, fällt uns die Hingabe schwer. Auch wollen wir lieben, aber haben uns der Liebe noch nicht hingegeben. Dann darf das »Ich« nämlich nicht mehr im Mittelpunkt stehen, sondern die Liebe ist der Kern unseres Seins. Bei der Meditation erleben wir das Gleiche. Dies ist die grundlegende Schwierigkeit, die jeder kennt, der meditieren lernt. Steht das »Ich« nicht mehr im Mittelpunkt, wird der Meditationsprozess zum bedeutsamsten Erleben.

Wir müssen üben, das »Ich« als Kern unseres Seins loszulassen und einen neuen Schwerpunkt zu finden. Bis jetzt haben wir nicht nur Jahrzehnte, sondern viele Leben, genau das Gegenteil geübt, nämlich das »Ich« in den Mittelpunkt zu stellen. Erstens einmal lernen wir das durch die Beispiele unserer Umwelt, und zweitens erscheint es uns instinktiv am leichtesten und logischsten. In Wirklichkeit aber schaffen wir uns dadurch nur Probleme. Wenn »ich« im Mittelpunkt stehe, dann ist mein Schwerpunkt die Befriedigung dieses »Ichs«, was häufig nicht gelingt. Wenn aber die Liebe im Mittelpunkt steht, so durchflutet uns dieses Gefühl und beglückt uns. Ist die Meditation der Kern unseres Seins, dann bleibt nur unser inneres Erleben, und Konzentration ist kein Problem. Sobald ein Gedanke an »meine« Meditation kommt, ist jegliches Erleben zu Ende.

Hingabe bedeutet »geben«, wie das Wort selbst schon verdeutlicht, oder auch »hineingeben«. Wir müssen uns klarwerden, wo wir uns hineingeben wollen. Was sind unsere Prioritäten, was ist uns am wichtigsten? Geht es uns um körperlichen Komfort oder darum, alles zu besitzen, was wir uns einreden zu benötigen, oder worum geht es uns? Haben wir schon die innere Erfüllung erlebt, die ohne Sehnsucht ist? Wenn die Antwort darauf ganz klar ist, müssen wir auch weiterdenken. Sich hineingeben zu können, ist dieselbe Freigebigkeit, Großzügigkeit und Herzenserweiterung, die ich schon beim Verschenken erwähnt habe. Zur Hingabe gehört auch Demut. Um das »Ich« aus dem Mittelpunkt herauszunehmen, brauchen wir Mut, uns auf Neuland zu begeben. Oft wird gesagt: „Ich habe dann Angst, übervorteilt zu werden." Es ist unmöglich, jemanden zu übervorteilen, der sich der Liebe hingegeben hat. Welcher Vorteil könnte dabei herauskommen? Das sind alles verständliche Einwände, die uns aber immer wieder den Weg verbauen. Sie belasten den Geist aus Angst, dass das »Ich« sich nicht so behaupten kann, wie wir es gerne hätten. Diese Angst existiert in uns, weil die Ichbehauptung eine Illusion ist. Wenn sie Realität wäre, würden wir sie nicht ängstlich beschützen müssen.

Demut erkennt auch, dass alle Menschen, die Natur, die ganze Schöpfung zu uns gehört und wir zu ihnen und dass wir nichts Spezielles sind, obwohl wir uns oft so vorkommen. Wenn die Meditation durch Kontemplation unterstützt wird, lernen wir uns noch besser kennen. Jeder Mensch sollte jeden Tag Zeit zur Selbstbesinnung haben, sonst werden wir viel zu sehr von den alltäglichen Dingen in Anspruch genommen. Wir verlieren dann den Blick dafür, dass es weitere Horizonte gibt. Wenn wir ohne Zugang zu dem Höchsten leben, können wir keinen inneren Frieden und kein inneres Glück finden, denn der Alltag hat noch nie einen Menschen vollkommen beglückt.

Hier noch einmal der zu Beginn bereits zitierte Vers vom Buddha aus der Dhammapada:

> *„Wer's Unsagbare sich ersehnt,*
> *Der sei im Herz ergriffen ganz;*
> *Dessen Herz an nichts sich hängt,*
> *Der Freiheit entgegengehend heißt."*
>
> (Dhammapada Vers 218)

Wir haben davon gesprochen, dass wir eine innere Sehnsucht haben, die wir sehr oft gar nicht genau benennen können. Wir wünschen und hoffen, geliebt zu werden, aber es gibt dabei immer Schwierigkeiten. Das einzige wirklich Bedeutsame ist es, selbst zu lieben. Nur derjenige, der Liebe in sich empfindet, ist ein Liebender. Geliebt zu werden ist angenehm, weil es uns bestätigt, dass wir liebenswert sind. Aber wenn dann die Bestätigung aufhört, was ja häufig der Fall ist, weil jemand seine Meinung ändert oder eine noch liebenswertere Person erscheint, haben wir eine Tragödie. All das hat überhaupt nichts mit Liebe zu tun, die uns innerlich erfüllen kann. Diese Art der Liebesbeziehung ist auf das »Ich« ausgerichtet, das sich behaupten möchte. Obwohl wir das ständig versuchen, werden wir niemals endgültig erfolgreich sein können, weil das »Ich« immer wieder unbefriedigt ist und neue Bestätigungen sucht.

Aurelius Augustinus, einer der großen Kirchenväter aus dem 4. bis 5. Jahrhundert, hat gesagt: „Anfangende Liebe ist anfängliche Heiligkeit. Wachsende Liebe ist wachsende Heiligkeit.

Vollendete Liebe ist vollendete Heiligkeit." Damit ist Liebe aus reinem Herzen gemeint. Vielleicht haben wir uns noch nie damit beschäftigt, ob wir gern heilig sein möchten. Man bekommt auch sowieso keinen Heiligenschein geliefert. Aber »heilig« bedeutet auch, »heil« und innerlich gesund zu sein, und das möchte doch wohl jeder. Nichts davon ist einfach zu erlangen. Kein anderer kann es für uns tun, wir müssen die Arbeit selbst leisten. Die wunderbare Hilfe des Buddha sind seine Anweisungen, wie wir üben können. Keinem von uns ist es unbekannt, dass wir unseren Nächsten so lieben sollen wie uns selbst. Obwohl wir dies wissen, haben wir es inzwischen oft vergessen und vor allem haben wir es nicht geübt. Doch um diese Übung geht es, denn Liebe ist erlernbar.

Das spricht gegen jedes Konzept, das wir von Liebe haben, denn wir warten auf eine Person, die uns liebt. Jeder von uns, der dies ausprobiert hat, weiß, dass es so nicht funktioniert. In der Jugend sind wir noch voller Hoffnung auf ein glückliches Zusammentreffen, aber letztendlich resignieren wir oder suchen nochmals einen neuen Partner. Diesen Weg immer wieder einzuschlagen, ist eine Zeitverschwendung. Unsere Zeit ist dafür zu wertvoll, denn keiner von uns weiß, wie lange wir leben werden. Ein menschliches Leben ist ein herrliches Geschenk. Wenn wir verstehen, dass die Suche nach Liebe nur im eigenen Herzen stattfinden kann, haben wir einen sehr guten Anfang gemacht. Suchen wir Liebe von außen und finden sie eventuell sogar, so bedeutet dies nur, dass ein anderer liebt. Unsere innere Sehnsucht bleibt bestehen, und der Buddha erklärt uns: *„Wer's Unsagbare sich ersehnt, der sei im Herz ergriffen ganz."* Wir müssen uns also der unsagbaren Einheit voll und ganz hingeben.

Das spirituelle Leben findet im Alltag von morgens bis abends statt. Wenn wir darüber lesen oder hören oder einen intensiven Meditationskurs mitmachen, so sind das hilfreiche Ausnahmesituationen. Wir können nicht plötzlich »spirituell« werden, sondern können daran stetig arbeiten. Es kommt nicht auf die Art unserer täglichen

Beschäftigung an, solange wir die Tugendregeln einhalten. Es kommt nur darauf an, wie wir uns Dingen, Situationen, anderen Menschen und uns selbst gegenüber verhalten. Wenn wir anfangen zu verstehen, dass weniger Ichbezogenheit mehr Platz für Liebe lässt, dann können wir mit der inneren Arbeit beginnen. Wir haben im Prinzip überhaupt keine Wahl. Im Allgemeinen glauben wir, dass wir uns aussuchen können, was wir tun wollen. Das stimmt schon, aber wir haben keine Alternative, wie wir wirklich glücklich werden können. Da gibt es keine Wahl, sondern nur einen Weg. Die meisten Menschen lernen diesen Weg weder kennen, noch wollen sie ihn beschreiten, so gibt es sehr wenige wirklich glückliche Menschen. Dennoch suchen wir alle nichts anderes als inneres Glück und inneren Frieden.

Das ist die Sehnsucht, die wir haben, die wir vielleicht dadurch ausdrücken, dass wir Meditation erlernen wollen oder uns mit Kunst und Kultur beschäftigen oder einen besonderen Menschen suchen. Wenn wir uns einem Erleben total hingeben, können wir zu der Zeit Glück und Freude verspüren. Wir glauben dann allerdings, es ist durch die Musik, das Gemälde oder den Sonnenaufgang verursacht. In Wirklichkeit liegt es an unserer Hingabe und Ichvergessenheit, denn in einem solchen Moment finden wir Zugang zu unserer Herzensreinheit. Dieses Erleben ist uns allen nicht fremd. Kurzzeitig ist dies bei jedem schon einmal geschehen, nur haben wir nicht erkannt, dass die Ursache in unserer Hingabe zu finden war. Das bedeutet, dass wir unser »Ich« aus der Mitte des Geschehens herausnehmen. Anstatt zu denken, geben wir den eigenen Gefühlen Raum. Je mehr wir uns im Leben schon liebevoll hingegeben haben, desto leichter fällt uns dieser Übungsweg.

Die Mystiker aller Religionen haben erklärt, dass das »Ich« sich erst einmal verflüchtigen muss, bevor wir ahnen können, was es bedeutet, Gott zu erleben. Die Suche nach Gott und die Suche nach Glück und Frieden sind gleichbedeutend. Es sind Worte und Konzepte, die wir mit so vielen Ansichten und Meinungen belastet haben, dass wir schon nicht mehr wissen, was sie wirklich bedeuten. Wir müssen in unser Herz hineinschauen, um die Wahrheit zu finden und zu erkennen, ob inneres Glück und innerer Frieden unserer Sehnsucht entsprechen. Nur was wir in uns verspüren, verstehen und wissen wir genau. Alles andere bleibt an der Oberfläche, worüber wir argumentieren können, was stimmen kann oder auch nicht.

Wenn wir verstehen, dass Liebe Herzensreinheit bedeutet, was der zweite Teil unseres Verses aussagt: *„dessen Herz an nichts sich hängt"*, nämlich kein Begehren und kein Anhaften, dann kommen wir den Aussagen aller Mystiker nahe. Sie sind aber fast immer falsch verstanden worden, insofern als geglaubt wurde, man soll überhaupt nicht lieben. Aber im Gegenteil, das Herz, das sich an nichts hängt, liebt um der Liebe willen und nicht um des Geliebten willen. Das ist das offene Geheimnis von der Liebe, die inneres Glück und inneren Frieden bringt. Das können wir üben und tagtäglich haben wir unendlich viele Möglichkeiten dazu. Jeder Mensch, besonders die unangenehmen, bieten sich als

Herausforderung für unsere Liebesfähigkeit an. Wenn wir versuchen, keinen Widerwillen, Ablehnung oder Ärger hochkommen zu lassen, sondern immer wieder nur das Liebesgefühl im Herzen für jeden Menschen zu aktivieren, ganz gleich, was er sagt, denkt oder tut, haben wir eine Aufgabe für das Leben.

Viele glauben, dass sie durch eine solche Haltung irgendwie geschädigt werden. Aber wie kann man jemanden schädigen, der liebt? Das ist doch nicht möglich, denn das Herz fühlt Liebe und kann von keinem Urteil angegriffen werden. Wenn wir anfangen, unser inneres Sein zu erleben, verspüren wir die Reinheit in uns, die nur von Denken, Beurteilen und Verurteilen verschüttet ist. Dann wissen wir, was wir tun müssen, um inneres Glück und inneren Frieden zu erleben, und erkennen ganz klar, dass wir nur selbst diesen Weg beschreiten können.

Was wir suchen, ist schon immer in uns vorhanden. Meister Eckhart hat es das »Fünkelein« genannt, in der Buddha-Lehre wird es der »Samen der Erleuchtung« genannt. Da wir nun wissen, dass unser Herz unser ganzes Glück enthält, verlassen wir uns nicht mehr auf äußere Umstände. Das ist der bedeutsame Unterschied zwischen dem spirituellen und dem materiellen Leben. Das materielle Leben bedeutet nicht nur, dass wir Geld, Ruhm, Anerkennung oder Besitztümer haben wollen. Der Unterschied zwischen materieller und spiritueller Weltsicht ist vor allem die Tatsache, dass der spirituelle Mensch gewillt ist, seinen eigenen Läuterungsprozess durchzuführen und keinen anderen dafür verantwortlich macht. Im materiellen Leben glauben wir, dass wir durch die Sinne unser Glück finden werden, wenn wir die Gelegenheiten vielleicht etwas besser nutzen als zuvor, bis wir dahinterkommen, dass uns das gar nicht gelingen kann. Unsere Sinne und damit die materielle Weltsicht sind begrenzt. Durch die Meditation merken wir, dass ohne unser Sinnesbewusstsein sich das Herzensglück von selbst bemerkbar macht und damit auch unsere Liebesfähigkeit, die wir alle besitzen, nur nicht genügend pflegen.

Wir haben alle Existenzangst, die wir mit den

verschiedensten Namen bezeichnen, beispielsweise Angst vor Frauen oder vor Männern, vor
der Dunkelheit, vor Spinnen oder Schlangen,
der Atombombe. Es ist gleichgültig, wie wir es
benennen, wahre Liebe funktioniert nur ohne
Angst. Wenn wir auf der spirituellen Ebene
unsere Liebesfähigkeit entwickeln, so kann dies
unsere Ängste so weit verkleinern, dass sie uns
nicht mehr so sehr auf unserem Weg in die vollkommene Freiheit beeinträchtigen.

Der zweite Teil des Ausspruchs des Buddha
sagt uns, dass ein Herz, das nicht anhaftet, der
Freiheit entgegengeht. Der Buddha hat etwas
versprochen, was wir gar nicht kennen, nämlich
vollkommene Freiheit. Aber was bedeutet Freiheit? Vielleicht bedeutet es, nicht im Gefängnis
zu sein oder, dass wir machen können, was wir
wollen, was aber meistens nicht gut ausgeht.
Oder denken wir an freie Wahl? Auf der spirituellen Ebene bedeutet Freiheit etwas anderes.
Es heißt, von jeglichem Leid, Kummer, Sorgen,
Unerfülltheit, Sehnsüchten frei zu sein, es meint,
vollkommen heil und geheilt zu sein. Diese

Freiheit ist für jeden Menschen erreichbar und möglich. Wir müssen uns allerdings richtig bemühen. Von Aurelius Augustinus ausgedrückt als »anfänglich«, dann »wachsend« und »endgültig vollendet«. Wichtig ist es, einmal anzufangen und zu wissen, dass vollkommene Freiheit möglich ist, die uns unabhängig von Dingen, Situationen und Menschen macht.

Unabhängigkeit heißt nicht, ohne Liebe zu sein. Es bedeutet vielmehr, dass wir nicht auf unsere Umwelt zwanghaft reagieren müssen, sondern nur dann, wenn wir es für angebracht halten. Ein Mensch, der total frei ist, wird nie mehr freiwillig unglücklich. Das wäre ja auch närrisch. Wir werden unglücklich, weil wir negativ reagieren, wenn uns etwas nicht passt, machen uns also abhängig von äußeren Umständen. Diese Unfreiheit zu erkennen, ist der erste Schritt. Denn wieso sollten wir nach Freiheit suchen, solange wir nicht wissen, dass sie uns fehlt? Wieso sollten wir versuchen, aus dem Gefängnis auszubrechen, wenn wir noch nicht wissen, dass unsere Reaktionen ein Gefängnis sind? Wer sucht denn einen Schlüssel, der nicht weiß, dass die Tür abgeschlossen ist?

Der Weg in die Freiheit führt über Selbsterkenntnis. Wenn wir bei der nächsten Gelegenheit ablehnend oder ärgerlich sind, wir beurteilen oder verurteilen oder nicht glücklich sind, können wir einmal die Ursache untersuchen. Wahrscheinlich ist die Antwort, dass jemand etwas Falsches gesagt oder getan hat. Daraufhin machen wir dies zur nächsten Frage. Wieso bin ich deswegen unglücklich? Die Antwort kann sein: Es berührt mich unangenehm. Das können wir solange weiterführen, wie Antworten hochkommen. Die letzte Antwort, auf die es keine neue Frage mehr gibt, heißt: Ichbezogenheit. Das müssen wir aber von selbst erkennen. Es ist nicht sinnvoll, die »Ichbezogenheit« als gegeben zu akzeptieren, sie aber nicht selbst zu erkennen. Wir brauchen dazu eine kompromisslose Ehrlichkeit uns selbst gegenüber.

Wenn wir unsere Unfreiheit und Abhängigkeit erkannt haben, dann wissen wir, wie bedeutsam sie sind, und wir werden sicherlich versuchen, unsere Ichbezogenheit etwas zu vermindern. Schnell merken wir den Unterschied, denn es ist der ausschlaggebende Punkt bei der Liebe. Dann können wir geben, ohne etwas haben zu wollen. Natürlich können wir nur verschenken, was wir in uns tragen, obwohl wir immer hoffen, etwas zusätzliches von außen zu bekommen. Das ist jedoch eine zeit- und energieraubende Hoffnung. Nur wir können unser Innenleben schön gestalten. Viele Menschen nehmen sich weder die Zeit, noch machen sie die Anstrengung, ihr Herz zu erkennen.

Wir dürfen uns aber nichts vormachen. Es gibt eine Ansichtskarte, auf der jemand abgebildet ist, der sagt: „Ich liebe jeden", und von der Seite erscheint ein ganz fürchterlich aussehendes Geschöpf und sagt: „Ich bin jeder." Sobald wir grenzenlose Liebe üben wollen, merken wir sofort die Schwierigkeiten. Sicherlich wollen wir es uns alle gern leichter machen, aber jedesmal, wenn wir die Flucht ergreifen, kommen wir auf unsere Sinneskontakte zurück, denn es gibt entweder Herzensläuterung oder Sinnesbefriedigung.

Auch im Alltag gibt es Momente, wo wir einfach »sein« können und nicht denken müssen. Dadurch wird es möglich, unser Leben ganz anders wahrzunehmen. Wir müssen nicht die ganze Zeit denken, obwohl wir das bis jetzt immer geglaubt haben. Nur »sein« bedeutet, dass wir uns nach innen wenden und unsere Gefühle erleben. Die meisten Menschen versuchen, ihr Leben zu erdenken, aber wir sollten es von Sekunde zu Sekunde erleben. Weil wir es aber erdenken wollen, beglückt es uns auch nicht. Sobald wir jedoch jeden Moment erleben, verlieren wir unsere selbst auferlegten Begrenzungen und können sie mehr und mehr lösen. Unsere Ichbegrenzung ist sehr von unserem Körper beeinflusst. Wir sind so weit und groß wie unser Körper reicht und identifizieren uns mit unseren Gedanken. Außerdem gibt es noch einige Menschen, die uns interessieren. Der Rest der Welt ist uns fern und fremd.

Das ist keine Basis, auf der wir je inneren Frieden schaffen können und auch keine Grundlage für Harmonie auf unserem kleinen Erdball. Natürlich wird niemals die ganze Menschheit grenzenlose Liebe üben, aber je mehr von uns das tun und lernen, dass die Ichbegrenzung nur eine optische Täuschung ist und Glück und Frieden unterbindet, desto mehr Harmonie existiert in der Familie der Menschheit. Jeder von uns übernimmt durch dieses Verständnis persönliche Verantwortung für das Wohlergehen unserer Mitmenschen.

Unterschwellig oder sogar bewusst weiß jeder von uns, dass wir noch nicht einmal die Größe eines Sandkorns im Universum haben. Das ist beängstigend, wenn wir glauben, auf uns selbst angewiesen zu sein. Daher haben wir uns eine Menge Fantasien zurechtgelegt, wie wir eventuell geschützt sein könnten. Sehr häufig glauben wir diesen Ideen gar nicht, sondern benutzen sie nur immer weiter, weil sie im Umlauf sind.

In Wirklichkeit ist diese Identifizierung mit dem »Ich« auch nur ein Gedanke, den wir fallen lassen könnten. Auch wenn uns das nur für eine Sekunde möglich ist, wissen wir, wieviel Frieden das für uns bedeuten kann.

Im täglichen Leben wird das »Ich« immer

weiter unterstützt, und so brauchen wir die Meditation und Kontemplation, um uns zeitweilig vom Alltagsbewusstsein freizumachen. Auf der logischen und intellektuellen Ebene ist uns sicher klar, dass wir alle Teil der gleichen Schöpfung sind, aus denselben Bestandteilen bestehen, die gleiche Luft atmen, dieselben Sehnsüchte haben und uns gegenseitig beeinflussen. Der Beobachter beeinflusst das Beobachtete, wir sind also in Wirklichkeit alle eins.

Diese Einheit kann natürlich etwas unangenehm werden, wenn wir jemanden treffen, der uns absolut nicht gefällt. Dann sträuben wir uns dagegen zu denken: „Das bin ich auch." Aber warum gefällt uns dieser Mensch nicht? Das sollten wir untersuchen. Vielleicht bestätigt und unterstützt er nicht unsere Ichbezogenheit, ist nur mit sich beschäftigt, wodurch wir selbst nicht zu Wort kommen. Es gibt natürlich Menschen, die Schlechtes tun, auch das sind wir. Wir sind das ganze Spektrum der Schöpfung. Wie oft haben wir schon Schlechtes über einen anderen gedacht oder geglaubt, wir seien ein Opfer, und wollten

uns rächen. Wie oft haben wir schon etwas empfunden, was nicht liebevoll oder liebenswert war?
Wir brauchen niemals Angst voreinander zu haben, es gibt keine Fremden, es gibt nur ein Ganzes. Das Einheits- und Gleichheitsgefühl macht
es uns dann möglich, den Rest der Schöpfung, den
wir bis jetzt außerhalb von uns gesehen haben,
als innerhalb von uns zu sehen und zu lieben. Ob
nun jemand etwas Schlechtes sagt, denkt oder
tut, hat damit nichts zu tun. Wir können alles
lieben, was unser Bewusstsein berührt. Das ist
ein Übungsweg, und wir können mit dem ersten
Menschen, den wir treffen, anfangen, vielleicht
mit dem Postboten morgen früh.

Die Worte des Buddha sind keine Konzepte,
sondern Erklärungen des menschlichen Seins.
Wenn wir unsere Blockaden erkennen, brauchen
wir uns nicht zu tadeln, so ist eben das Menschsein. Aber wir können uns ändern, jedoch nur
uns selbst und keinen anderen.

Vielleicht können wir uns das Einssein einmal
bildlich vorstellen. Wieso glauben wir denn, dass
wir separat von allen sind und hier, wo wir sit-

zen, unsere Grenzen sind? Wenn nicht überall Luft um uns herum wäre, könnten wir ja nicht atmen und würden sterben. Allen anderen Lebewesen geht es genauso. Können wir spüren, dass andere uns durch ihre Gefühle und Gedanken beeinflussen, oder glauben wir, ganz selbständig zu leben? Auch das wäre interessant zu untersuchen. Keiner von uns kann dieses Leben ohne die Hilfe von vielen anderen bestreiten. Wir haben eine gewisse Selbstherrlichkeit, wie wunderbar wir alleine fertig werden. Aber wer baut unsere Nahrung an, bringt sie zum Verkauf, baut unsere Häuser, repariert unsere Straßen, hält unser Telefonnetz in Ordnung? Wer stellt all die Dinge her, die wir tagtäglich benutzen und ohne die wir kaum auskommen würden? Wir sind alle aufeinander angewiesen, aber wir vergessen das, weil wir andere Dinge für wichtiger halten.

Daher ist es hilfreich, einmal zu überlegen, was uns am wichtigsten im Leben ist. Wenn sich dabei herausstellt, dass uns die Gegenwart einiger Menschen die Hauptsache ist, dann können wir vielleicht die Angst vor Verlust leicht erkennen, die damit verbunden ist. Unser inneres Glück können wir nicht finden, wenn wir es von etwas außerhalb von uns abhängig machen. Können wir versuchen, unsere Priorität im Seelenfrieden zu erkennen?

Durch tägliche Meditation sollte dies ohne Weiteres möglich sein. Meditation ist kein Luxus, den wir uns erlauben können, wenn wir nichts Besseres zu tun haben, sondern der Weg zur Heilung des Geistes. Wir sind alle daran interessiert, einen heilen Körper zu haben, was auch sehr wichtig ist. Gesundheit ist eines der fünf vom Buddha genannten Kampfesglieder, das uns mehr Kräfte und Fähigkeiten für die Arbeit auf dem Weg zur Freiheit vermittelt. Ein heiler Körper ist zwar hilfreich, aber das bedeutet noch nicht, auch einen heilen Geist zu haben. Dorthin geht unsere Sehnsucht und durch die Meditation erfahren wir unser inneres Potenzial.

Es hat andererseits wenig Sinn, sich in die Meditation zu stürzen, denn ohne eine Lehrzeit durchzumachen, werden zu viele Schwierigkeiten auftreten. Der Geist ist nicht sofort gewillt, sich hinzugeben, womit ein Herz verbunden ist, das nicht liebt. Das sind einfach unsere menschlichen Schwächen. Wenn wir mit diesen glücklich leben könnten, bräuchten wir nichts zu unternehmen. Obwohl wir zwar öfter Vergnügen erleben, ist uns das beglückte Herz meistens fremd.

Wenn wir unser Herz läutern und mehr und mehr Liebe empfinden, unabhängig von einem liebenswerten Objekt, dann ist unser Glücklichsein gewährleistet, auch wenn äußere Dinge nicht so sind, wie wir sie gerne hätten. Selbst wenn unsere Gesundheit nicht tadellos ist, braucht uns das nicht unglücklich zu machen. Wenn wir unsere Ichbezogenheit vermindert haben und unser Herz ohne äußere Ursachen lieben kann, dann gibt es kein Unglücklichsein mehr, ganz gleich was geschieht. Diese Fähigkeit führt uns in die Freiheit. Ein liebendes Herz bleibt felsenfest. Aber nicht, wenn wir jemanden oder irgendetwas lieben, sondern nur, wenn Liebe allumfassend geworden ist. Herzenswärme, die Umarmung von allem, die Sicht der Einheit der Schöpfung, ein Teil des Ganzen ohne Begrenzungen zu sein

– all dies schützt uns vor jeglichen inneren Unbilden. Dies ist die Bedeutung von *„der Freiheit entgegengehend heißt."*

Wenn das Empfinden des Einsseins grenzenlos geworden ist und unser Körper nicht mehr bedeutsam als »Ich« ist, dann ist die Möglichkeit gekommen, das Gotteserlebnis zu haben, was wir *Nibbāna* oder *Nirvāṇa* nennen. Es sind alles Worte, um die Freiheit vom »Ich« zu beschreiben, das Empfinden des »Nichts«, was sich in das All versenkt. Wenn wir das als Gotteserlebnis in uns bezeichnen wollen, ist das ein genauso passendes Wort wie *Nibbāna*, nur belastet durch alles, was wir darüber schon gehört haben und eventuell mit Vorstellungen zu tun hat, die uns nicht mehr ganz logisch erscheinen. Das Gotteserlebnis ist aber das Erleben der Einheit der Schöpfung, das Loslassen von der Ichbegrenzung und Ichbezogenheit und die vollkommene Herzensläuterung durch die Liebe. Alle christlichen Mystiker haben es auf diese Art und Weise erklärt, nur häufig in einer Sprache, die uns heute nicht ganz zugänglich ist.

Es ist wenigen Menschen gegeben, alleine diesen Weg zu finden und zu beschreiten. Daher ist es wichtig, dass wir Methoden gezeigt bekommen, die uns unterstützen. Ein taoistischer Spruch sagt: *„Eine Reise von tausend Meilen fängt mit dem ersten Schritt an."* Den ersten Schritt können wir heute schon tun. Wir können uns zum Beispiel nach jemandem umschauen, der uns überhaupt nicht gefällt, und versuchen, diesen Menschen zu lieben. Oder wir hören oder sehen etwas, das wir ablehnen, und versuchen, denjenigen zu lieben, der so spricht oder handelt. Morgen früh fangen wir dann den Tag gleich wieder auf diese Art an. Dies ist der Weg in die vollkommene Freiheit.

Nächstes Mal, wenn wir unglücklich werden, merken wir vielleicht, dass wir unfrei und abhängig sind, denn innere Freiheit würde ein unglückliches Gefühl niemals zulassen. Dieser ganze Weg nach innen bedeutet Selbsterkenntnis, und niemals sollten wir außerhalb von uns selbst die Ursachen für unser Unglück suchen. Im Prinzip gibt es keinen Sündenbock, sondern nur Reaktionen. Jeder Schritt auf diesem Weg bringt ein befreiendes Gefühl. Der Buddha hat gesagt, dass Hass niemals durch Hass überwunden wird, sondern nur durch Liebe.

„Durch Hass fürwahr kann nimmermehr
Zur Ruhe bringen man den Hass;
Durch Liebe kommt der Hass zur Ruh':
Das ist ein ewiges Gesetz."

(Dhammapada Vers 5)

Die gemütserlösende Liebe

Liebe ist ein Wort, bei dem jeder Mensch irgendwelche Ideen hat, die von den eigenen Erfahrungen geprägt und von den eigenen Wünschen geformt sind, aber kaum Verbindung zur Wahrheit haben. Es gibt keine Religion und keinen spirituellen Pfad, dem man folgen kann, der nicht die Liebe zentral betrachtet. In der Bibel steht: „Wo ihr Schatz ist, dort geht das Herz hin." Theresa von Avila sagt: „Es kommt nicht darauf an viel zu denken, es kommt nur darauf an viel zu lieben." „Liebe deinen Nächsten wie dich selbst", ist wohl jedem von uns bekannt.

Aber zwischen dem, was wir kennen, und dem, was wir tun, ist ein riesengroßer Unterschied. Des Buddhas Erklärung, was Liebe bedeutet, ist klar verständlich und einleuchtend, muss aber natürlich von uns nachvollzogen werden.

Es bedeutet vor allen Dingen nicht das, was wir im Allgemeinen darunter verstehen. Wir müssen uns erst einmal von den Gedanken und Wünschen freimachen, die wir sonst mit »Liebe« verbinden. Diese sind auf eine oder ein paar spezielle Personen gerichtet, oder man hegt die Hoffnung, dass, wenn man schon Liebe gibt, man auch wiedergeliebt wird. Manchmal warten wir auch, bis jemand uns zuerst liebt, um ganz sicherzugehen.

Das ist natürlich heller Wahnsinn. Davon kann sich das Herz nicht erweitern. Das sind alles Marktplatz-, Kauf- und Verkaufsideen, die niemals ein spirituelles Fundament haben können. Obwohl man dazu sagen kann, dass, wenn in der Familie wirklich starke Liebe empfunden wird, dies uns zumindest einmal zeigt, was es bedeutet zu lieben. Wenn man die Familienliebe dafür verwendet und sozusagen als ein Samenbeet benutzt um sie dann zu erweitern, so hat diese Art der Liebe ihre Pflicht und Schuldigkeit getan. Wenn die Liebe aber nur bei der Familie bleibt, dann ist sie ein Treibhausgewächs, das der kleinste Wind oder Schneefall sofort zum Verblühen bringt.

Sich der Liebe in Dankbarkeit und Selbstaufgabe vollkommen hingeben zu können bedeutet, dass wir sie selber empfinden, aber nicht, dass wir darauf warten, dass jemand anders uns zuerst oder zurückliebt. Was ein anderer Mensch denkt, tut und fühlt, ist dessen Sache und dessen Karma. Es ist auf einem spirituellen Pfad dringend nötig dies unterscheiden zu können. Das, was ich selbst denke, tue und empfinde, das ist mein Pfad, mein Wachstum oder mein Untergang, wie immer ich es anpacke. Und nur darauf kommt es an. Wenn wir vielleicht irgendwelche grandiosen Ideen haben, dass es schön wäre, wenn Frieden auf der Welt herrschen und sich alle Menschen lieben würden, zu Weihnachten vielleicht, dann müssen wir vor allen Dingen bei uns selber anfangen. Nirgends gibt es eine heile Welt außerhalb unseres Herzens.

Wenn viele Menschen ihr Herz so erziehen können, dass es wirklich friedlich ist und dass sie wirklich lieben können, dann gibt es vielleicht einmal irgendwo ein Stückchen Welt, wo Frieden und Liebe herrschen, nämlich da, wo diese Herzen zu finden sind. Eines anderen Menschen Herz zu Liebe und Frieden zu erziehen ist natürlich eine Unmöglichkeit. Man kann höchstens die Richtlinien hören, die der Buddha, und in derselben Art und Weise Jesus, gegeben hat. Wir können uns aber nur selbst erziehen und vor allen Dingen müssen wir erst einmal wissen, wieso dies nötig ist.

Das ist gar nicht schwierig festzustellen, denn es gibt wohl keinen Menschen, der, wenn er ehrlich ist, nicht eingestehen würde, dass er lieben will. Sehr oft drehen wir das aber um und wollen geliebt werden. Wenn wir nur eine Sekunde darüber nachdenken, so kann es uns ganz klar sein, dass, wenn ein anderer uns liebt, es ja dessen Liebe ist, und das suchen wir ja eigentlich gar nicht. Wenn es des anderen Liebe ist, so ist das für uns eine Ego-Bestätigung, nämlich dass wir liebenswert sind. Aber dass wir die ganze Zeit liebenswert sind, glauben wir sowieso nicht. Was wir wirklich suchen, ist die Erweiterung des eigenen Herzens, die eigene Liebesfähigkeit. Das ist auch das, was wir brauchen, und wir suchen es aus dem einfachen Grunde, weil es uns möglich ist diese Fähigkeit zu manifestieren, und weil es nötig ist um glücklich zu sein.

„Wo ihr Schatz ist, dort geht das Herz hin." Wenn also unsere Schätze im Materiellen liegen, wenn es uns wichtig ist, entweder Geld, Ruhm, Ehre, Position oder Anerkennung zu haben, dann wird unser Herz sich dorthin wenden. Es wird wohl nie ganz zufriedengestellt werden, denn es gibt immer noch mehr Geld und noch mehr Ruhm und noch mehr Ehre. Wenn wir also das suchen, dann lenken wir unser Herz in diese Richtung, und wir werden nie die gemütserlösende Liebe kennenlernen.

Wenn unser Schatz ein paar Menschen sind, die uns angeblich gehören (es kann uns ja in Wirklichkeit niemand gehören, noch nicht einmal unser eigener Körper), dann wird wohl dort unser ganzes Herz hingehen und auch das wird letztendlich nicht tief befriedigend sein. Diese Menschen, auf die wir ausgerichtet sind, sind ja ebenfalls ständig in Veränderung; ihre Gedanken, ihre Gefühle, alles ändert sich und unsere eigenen Gedanken und Gefühle ändern sich auch. In dieser Art Liebe grenzen wir uns auch viel zu sehr ab. Es ist uns bestimmt ganz klar, dass die Welt aus vielen Menschen besteht, und wenn wir unser Herz nur auf ein paar von diesen lenken, so sind wir immer in Angst, dass diese wenigen Menschen verloren gehen könnten. Sie könnten sterben oder weglaufen oder ihre Meinung ändern. Da wir das alles wissen und vielleicht auch schon durchgemacht haben, so kann diese Art Liebe nicht zufriedenstellend sein, denn sie verkörpert in sich auch Angst.

Angst ist immer mit Hass verbunden, niemals mit Liebe. Das bedeutet nicht, dass wir diese Menschen hassen, es bedeutet aber, dass wir die Situation, die wir selbst heraufbeschworen haben, nicht leiden mögen, nämlich unsere Abhängigkeit von einigen Menschen, um ein Liebesgefühl zu empfinden. Das kann doch nicht richtig sein, wo es fünf Milliarden Menschen auf dieser Welt gibt. Dass wir diese nahen Menschen lieben, hat nichts damit zu tun, aber dass wir von deren Gegenwart abhängig sind, um Liebe zu empfinden, ist unsere Verblendung. Es ist auch nicht hilfreich für die Meditation, denn es ist begrenzend, beengend und unfrei.

Die drei Dinge, die uns von wahrer Liebe abhalten, sind die Eigenliebe, das Anhaften und die dadurch entstehende Abhängigkeit und die Tatsache, dass wir persönliches Vergnügen suchen. Diese drei Dinge verhindern es, unser Herz zu öffnen. Eigenliebe – das ist wohl klar. Wenn wir nur mit uns selbst beschäftigt sind, ist es unmöglich sich nach außen zu orientieren. Wenn es nur darauf ankommt, ob es uns selbst gut geht, dass wir alles haben, was wir brauchen, dass uns keiner etwas tut, dass wir uns sicher fühlen in unseren zugeschlossenen Häusern, dann ist nicht viel Platz in unserem Herzen für Liebe. Da lassen wir höchstens ein oder zwei Menschen in unser Herz hinein.

Das Anhaften bei der Liebe ist genau das, was wir als Liebe kennen, was uns abhängig macht. Abhängigkeit kann nie richtige Liebe bedeuten, denn diese ist Freiheit des Herzens, die sich darin äußert, offen geben zu können, alles, jedem, zu jeder Zeit, unabhängig von äußeren Umständen und davon, ob etwas zurückgegeben wird. Es ist eine Qualität des Herzens, die wir entwickeln können. Die Abhängigkeit spricht gegen diese Qualität, denn sie macht das Herz unfrei.

Die eigenen Vergnügungen zu suchen ist auch Eigenliebe und bedeutet, dass wir uns nur für unser Wohlergehen interessieren und keine Notiz davon nehmen, was in den Menschen um uns herum vorgeht. Wenn wir auf der Suche nach Vergnügen sind, so sind wir schwer beschäftigt, weil jedes Vergnügen schnell wieder aufhört, sodass wir immer wieder ein neues suchen müssen durch einen unserer sechs Sinne (Sehen, Hören, Schmecken, Tasten, Riechen, Denken).

Diese Suche nach Vergnügen beschäftigt uns dann so sehr, dass wir weder Zeit noch Energie haben uns in eine andere Richtung zu bewegen. Wenn uns Vergnügen im Leben beschert wird, sollen wir es dankbar annehmen; wenn wir es aber suchen, sollten wir uns überlegen, ob das nicht eine Zeit- und Energieverschwendung ist. Jeder Mensch hat nur eine gewisse Menge Energie, und die muss er nutzbringend verwenden. Selbst wenn wir den ganzen Tag still sitzen und meditieren, so sind wir doch am Abend müde. Unsere Energie muss immer wieder regeneriert werden, und sie nicht nützlich zu verwenden bedeutet die Verschwendung eines wertvollen menschlichen Lebens.

Die Liebe, von der der Buddha und alle spirituellen Meister sprechen, ist das Kultivieren des Herzens, sodass das Herz offen und frei wird und geben kann. Es kann sich dann selbst geben. Wir lernen, nicht so unerbittlich an dem festzuhalten, was wir glauben zu sein. Es sind ja sowieso alles Fehlspekulationen, genau wie unsere Meinungen und Ansichten es sind. Wenn wir von Ehre, Ruhm und Gegenliebe unabhängig sind, dann werden wir das, was sowieso unbezahlbar ist, frei geben können, nämlich Wärme, Zuneigung, Freundschaft, Hilfsbereitschaft. Wir haben zwei Wege, auf denen wir dies erreichen können. Wir können erst ein universelles Bewusstsein erleben und dann zur Nächstenliebe übergehen. Wir können auch von der Nächstenliebe ausgehen und dann das universelle Bewusstsein erreichen. Es ist gleich, welchen Weg wir einschlagen, die Nächstenliebe muss immer mit eingeschlossen sein.

Es kann nämlich eine ganz phantasievolle Idee sein, dass man alle Menschen liebt, aber wenn der Nachbar Hilfe braucht, hat man keine Zeit. Es fängt direkt da an, wo wir sitzen, stehen oder liegen. An dem Platz, wo wir sind, da ist es nötig zu praktizieren, mit dem, der neben uns sitzt. Dabei aber dürfen wir uns selbst nicht auslassen. Wenn wir glauben, dass es eine wahre Lehre ist: „Liebe deinen Nächsten wie dich selbst", dann müssen wir davon Notiz nehmen, dass es sich um uns selbst handelt. Das ist der erste Schritt. Wenn man von sich selbst eine schlechte Meinung hat und glaubt, nicht in der Lage zu sein wirklich zu lieben, und meint, dass man nichts Gutes tut oder denkt, so wird man diese schlechte Meinung auf andere sehr leicht übertragen können. Man sieht ja nur das im anderen, was man in sich selbst schon erkannt hat. Obwohl wir wissen, dass wir nur ein winziger Teil eines riesigen Universums sind, sind wir dennoch in der Lage unendlich viel Liebe zu geben, und so bekommen wir erst einmal ein Gefühl des eigenen Wertes. Wenn wir das in uns empfinden, so können wir in jedem anderen auch Wertvolles spüren.

In vielen Gesellschaften gibt es große Wertunterschiede. Ein Bauer ist nicht so viel wert wie ein Bank-Manager, weil er eine andere Beschäftigung hat und weniger verdient, aber in Wirklichkeit bleibt der Mensch immer derselbe. Seit den Tagen des Buddhas, vor 2500 Jahren, hat sich nichts geändert. Wir haben dieselben Probleme. Wir besitzen eine viel bessere Technologie, aber die Probleme des Herzens sind die gleichen geblieben.

Wenn wir uns also von der individuellen Liebe zur universellen erweitern wollen, so handelt es sich darum, dass wir den Nächsten, den, der neben uns ist, als den Wichtigsten im Moment ansehen und dass sich dort unsere Liebe entwickeln kann. Dazu gehört, dass wir dies tun, auch wenn es uns gerade nicht passt. Wenn wir glauben, dass derjenige nicht verdient geliebt zu werden, dass wir keine Zeit haben, dass es uns zu schwierig ist. Wenn es uns am wenigsten passt, dann müssen wir es am meisten praktizieren.

Es hat keinen Sinn Liebe abstrakt zu behandeln. Liebe wird erst dann ein Schritt auf dem Weg zum spirituellen Wachstum und zur Meditation, wenn sie ein konkretes Gefühl im Herzen ist und sich in Handlungen äußert.

Liebe durch Taten bringt innere Stärke, weil man Hass fallengelassen und das Gute entwickelt hat.

Wir können uns so ansehen, als wären wir ein Haus, das wir nach Belieben mit Dingen anfüllen können. Wenn wir es mit guten und wertvollen Dingen anfüllen, die liebevoll uns und anderen Glück bringen, so leben wir in einem schönen inneren Haus. Wenn wir dieses innere Haus mit schlechten Gedanken und negativen Gefühlen anfüllen, so haben wir ein chaotisches Heim. Leider besteht die Welt, die wir kennen, aus mehr chaotischen Heimen als aus harmonischen. Die meisten Leute wissen gar nicht, dass sie ihre innere Behausung nach Belieben einrichten können. Wenn sie sich ein Stein- oder Holzhaus einrichten, dann gehen sie in ein Geschäft und kaufen die Möbel, die ihnen gefallen, und finden es dann sehr schön und komfortabel in dem Heim. Aber ist das wirklich wichtig? Ist es nicht viel wichtiger, das innere Haus mit Geschmack und Vernunft einzurichten und nur das hineinzutun, was harmonisch, friedlich und schön ist? Wir können es uns aussuchen. Je mehr wir in der Meditation fortschreiten, desto einfacher wird es den Geist so zu stärken, dass er sich von dem Lieblosen abwendet und dem Liebevollen zuwendet.

Wir brauchen die Liebe als ein Grundelement für die Meditation. Der Buddha hat dies die »Gemütserlösung« genannt, die Erlösung unseres Gemütslebens. Unser Gemütsleben ist unser wahres Leben, alles andere ist rein äußerlich. Selbst was wir denken, löst Gefühle aus, und was wir denken, können wir nicht erleben. Nur was wir empfinden, ist unser Erlebnis. Leben kann nur gelebt, niemals erdacht werden, obwohl wir dies alle sicher schon oftmals versucht haben.

71

Die Gemütserlösung durch Liebe bedeutet, dass das Gemüt frei wird von Hass und Neid, Eifersucht, Abwehr und Widerwillen, Ärger, Furcht und Angst, von Sorgen und Kummer, weil es sich erlöst, in der Liebe auflöst.

Diese Liebe, wie ich schon sagte, ist erst einmal individuell ausgerichtet. Wenn wir dies mit Meditation unterstützen, so werden wir allmählich in das universelle Bewusstsein eintreten und verstehen, dass, obwohl Menschen anscheinend unangenehm, unfreundlich oder schwierig sind, dies nichts zu bedeuten hat. Im Prinzip trägt jeder Mensch den Samen der Erleuchtung, der vollkommenen Reinheit in sich.

»Brahmavihara« bedeutet »göttliche Verweilungsstätten«, und sie bestehen aus Liebe, Mitgefühl, Mitfreude und Gleichmut. Der Buddha hat erklärt, dass dies die einzigen Emotionen sind, die es wert sind in unserem Herzen zu sein. Wenn wir also in diesen Gemütsregungen verweilen, so leben wir wie die Götter und haben das Paradies auf Erden. Wir haben uns dem Göttlichen in uns selbst genähert. Es ist uns allen möglich dies zu erreichen; jeder Mensch kann den Funken dazu in sich erwecken. Dieser Funken kann in jedem als eine Flamme lodern, wenn nicht zu viel Denk- und Abwehrarbeit daraufgeschüttet wird, die die Flamme immer wieder zu einem kleinem Flämmchen reduzieren oder sie überhaupt ganz ausgehen lassen kann, was auch passiert. Es ist uns aber immer wieder möglich, den Funken zu entzünden. Wenn wir erkennen, dass jeder Mensch diese Eigenschaft besitzt, dann wissen wir, dass Unterschiede zu machen unsere Liebesfähigkeit verringert. Sodann können wir uns in Dankbarkeit und Vertrauen der Schöpfung übergeben, an der wir teilhaben. Wenn unser Herz sich all dem öffnen kann, was existiert, dann wird es nicht mehr so schwierig sein die Menschen einfach als Manifestation der universellen Schöpfung anzusehen und nicht als eine spezielle Person, die dumme Sachen sagt oder die mir meine Zeit stehlen will.

Wir nähern uns dann mit dem Herzen dem Universellen und das Individuelle wird dadurch vergrößert und in Ausmaße gebracht, die das

Schrumpfen des Herzens nicht mehr zulassen. Der Buddha sprach davon, dass das Herz ausgedehnt und erweitert wird genau wie der Geist. Aber wenn wir das nicht ständig üben, so wird es natürlich immer wieder zusammenschrumpfen. Eine der Übungen ist die Liebende-Güte-Meditation, aber das allein genügt natürlich nicht. Es ist nichts weiter als den Geist in die Richtung zu bringen, wo er hingehört. Es ist aber klar, dass man im täglichen Leben, „in der Hitze des Gefechts", das alles immer wieder vergisst und sich erneut vor Augen führen muss.

Wir müssen also nicht nur mit der Meditationsmethode zufrieden sein, sondern ständigen Gebrauch davon machen, bis es uns möglich ist das Herz so zu erweitern, dass es nur noch aus Liebe besteht. Wir können nicht sofortigen Erfolg erwarten und die vollkommene Reinheit der Liebe in uns verspüren, aber wenn wir nicht daran arbeiten, so versäumen wir das Wichtigste im menschlichen Leben. Wenn wir unsere Gefühle den Menschen gegenüber, denen wir sowieso schon Liebe entgegenbringen, als unser Verhaltensmuster benutzen können, als ein Beispiel für unsere eigene Liebe, so haben wir einen Anhaltspunkt, an dem wir uns orientieren können. Liebe bringt es mit sich, dass der Geist ruhig wird, sich nicht ärgert, aufregt oder besorgt ist, dass er gedanklich etwas Schlechtes getan hätte. Durch diese Ruhe wird Meditation möglich, denn eine gewisse Ruhe müssen wir schon mitbringen.

Wenn der Geist noch zu sehr mit der Welt verhaftet ist, wo er ständig mit »Gut« und »Schlecht«, »Haben« und »Nicht-Haben«, »Wollen« und »Loswerden« beschäftigt ist, da ist natürlich noch keine Ruhe zu finden. Ein Geist, der sich im Weltlichen verankert, kann das Herz nur zum Weltlichen ausrichten. Um der Meditation die Möglichkeit zu geben wirklich zu funktionieren, müssen wir das Weltliche einmal ganz loslassen. Wenn uns klar wird, dass wir im Alltäglichen noch nie etwas gefunden haben, was uns vollkommen zufriedengestellt hat, hilft uns das vielleicht uns vom Denken freizumachen. Wir brauchen nicht über die Welt nachzudenken. Sobald wir wieder in den Alltag zurückgehen, ist alles wieder genauso wie es gewesen ist. Es hat uns inzwischen keiner unser Eigentum weggenommen oder unsere Rechnungen bezahlt. Geschäfte, Leute, Telefongespräche, Zeitungen, alles wartet. Es kann höchstens sein, dass wir all dies nicht mehr für so wichtig halten.

Die Welt verspricht, dass sie uns mit all ihren Angeboten beglücken wird. Sie kann das Versprechen aber nicht halten. Wenn wir genügend Versuche gemacht haben, wird uns selbst ganz klar werden, dass wir uns das Versprechen nur eingeredet haben, weil es alle so machen. Die anderen sind aber genauso unzufrieden wie wir. Wir müssen also alles, was sich da draußen abspielt, erst einmal fallen lassen um es in der richtigen Perspektive von Wichtigkeit und Unwichtigkeit neu anschauen zu können. Was ist denn wirklich wichtig? Was will ich denn? Wahrscheinlich Frieden im Herzen. Wenn das die Antwort ist, so gehört dazu als die erste und wichtigste Qualität des Herzens die Liebe. Die Liebe, die sich zu allem, was existiert, öffnen muss, aber immer wieder zu dem zurückkehrt, was jeweilig direkt neben mir ist. In Wort und Tat. Wenn wir uns nur an einzelnen Personen ausrichten, so wird nie die Erfüllung kommen, weil an dem Einzelnen immer etwas auszusetzen ist, genauso wie an uns selbst. Es wird auch nie die absolute Herzensöffnung kommen, wenn wir uns nur zeitweilig an dieses Potenzial erinnern.

Der Buddha hat oft erklärt: Um den Weg des spirituellen Wachstums zu gehen, der zu vollem Frieden und Glück führt, sollte man erst einmal die Lehre hören. Dann muss man sich an das Gehörte erinnern können, es oft erwägen und dann in die Tat umsetzen; daraus entsteht Weisheit. Das Sich-erinnern-Können ist vielleicht das schwierigste. Es besteht also eine Notwendigkeit auch einmal die Liebe in der Kontemplation zu betrachten. Was bedeutet sie mir? Habe ich sie in meinem Herzen? Kann ich sie entwickeln? Wohin kann ich sie richten? Was ist es, was ich lieben kann? Wie weit kann sich mein Herz öffnen und Liebe zeigen, ohne dass ich Angst habe? Die Angst des Sich-vollkommen-Hingebens? Jeder spirituelle Pfad kann nur Erfolge zeitigen, wenn man sich vollkommen hingibt. Alles, was man halbherzig tut, ist halb getan. Um innerliches Wachstum zu erlangen, um dahin zu kommen, wo Emotionen und Geschehnisse um uns herum uns nicht mehr berühren, weil wir die innere Festigkeit durch Liebe bekommen haben, müssen wir auch einmal die Kontemplation zu Hilfe rufen und erkennen, was das Bedeutsamste für uns ist.

Wie kann ich mein Herz wirklich geben? Das geht Hand in Hand damit, dass die Ichbezogenheit verkleinert und daher die Liebe vergrößert wird. Es muss der Wille als Bollwerk dahinterstehen. Ohne Willen ist es unmöglich überhaupt etwas zu tun. Sich zum Meditieren hinzusetzen braucht auch die Willenskraft. Genauso ist es mit der Liebe. Nicht so, wie es in Filmen und Romanen gezeigt wird, dass eines Tages jemand erscheint und plötzlich ist die Liebe erwacht. Das glaubt wohl sowieso niemand, nicht wahr? Mit dem Willen ist zu arbeiten: „Ich will Liebe empfinden. Ich will mein Herz trainieren."

Das Werturteilen und Abschätzen kann einmal vergessen werden und wir brauchen nicht danach zu suchen, geliebt, anerkannt oder gerechtfertigt zu werden, sondern wir können einfach das Beste tun, wozu wir fähig sind. Anerkennung und Rechtfertigung sind auf weltlichen Idealen aufgebaut, die von spirituellen Idealen äußerst verschieden sind. Die Anerkennung und die emotionale Unterstützung, die wir suchen, sollen uns ja nur beweisen, dass wir liebenswert sind. Das ist nicht nötig, wenn wir wirklich lieben. Solange ich selbst keine Liebe in mir empfinde, möchte ich hören, dass ich liebenswert bin um mein Ego zu unterstützen. Aber wenn ich wirklich Liebe in mir trage, dann brauche ich nicht mehr zu erfahren, ob ich liebenswert bin. Das ist keine brennende Frage mehr, denn das eigene Herz spürt ja die Liebe. Es bedeutet also nichts weiter als die Wärme und Weite selber zu spüren und nichts von außen holen zu wollen, was ja niemals die innere Entwicklung ersetzen kann.

Wenn ein Mensch in der Lage ist Liebe zu geben, so spürt das jeder, der in seine Nähe kommt. Es ist auch ganz klar, dass solch eine Liebe nicht individuell ist, sondern sich zu allem, was existiert, ausbreitet. Diese Art Liebe in sich zu spüren gibt die einzige Sicherheit, die wir haben können. Unser Körper ist nie sicher, er kann jeden Tag sterben. Unser Geist ist auch nicht sicher, denn solange wir ihn nicht vollkommen ohne Ich-Illusion gefestigt haben, lässt er sich immer noch von äußeren Dingen beeinflussen. Aber wenn wir erst einmal das Herz in Liebe gefestigt haben, dann haben wir die Sicherheit, dass unsere Reaktionen uns keinen Schabernack spielen werden, was auch immer passiert. Wir wissen, dass die Menschen um uns herum immer von uns geliebt sind, ohne Unterscheidung.

Diese innere Sicherheit macht es dann möglich wirklich zu meditieren und in die Tiefen des Bewusstseins vorzudringen, wo wir eine ganz andere Wahrheit erfahren als die, die wir so oberflächlich kennen. Das Bekannte sind unser Denkapparat und unsere fünf Sinne, mit denen wir die Welt in uns aufnehmen, was an sich gar nicht so interessant ist, weil es immer wieder das Gleiche ist. Es ist auch nie ganz zufriedenstellend, denn es gibt ja kein Ziel, es gibt immer nur Verschiedenes.

Aber wenn wir in die Tiefen unseres Selbst gehen, wo Reinheit und Klarheit zu finden sind, und wo es uns möglich ist vollkommene Liebe zu erfahren, lernen wir dort eine Wahrheit kennen, die all das, was in der Welt geschieht, transzendiert. Es fängt damit an den Atem zu betrachten, den Gedanken ein Etikett zu geben, die Liebende-Güte-Meditation zu praktizieren und jede Meditation damit zu beginnen, erst einmal Dankbarkeit und innere Freude darüber hochkommen zu lassen, dass man in der Lage ist, diese innere Arbeit zu tun. Auch nicht zu vergessen, dass der Nächste der Wichtigste ist, in jedem Moment. Mit dieser Art der Praxis ist es möglich langsam und geduldig uns immer mehr von den Schlacken zu reinigen, die sich in uns durch die jahrzehntelangen Reaktionen ange-sammelt haben. Wenn diese Schlacken beseitigt sind, funkeln unser Herz und Geist wie herrliche Diamanten, die sie von Natur aus sind.

Liebende-Güte-Meditation

Um anzufangen, bitte die Achtsamkeit auf den Atem lenken.

Wir wollen Mitgefühl für uns selbst hochkommen lassen wegen aller Schwierigkeiten, die in unserem Leben existieren. Mitgefühl auf Grund des Verfalls und des Todes, denen wir ausgesetzt sind. Aus diesem Mitgefühl können wir ein Gefühl der Liebe entwickeln und uns mit dem Mitgefühl und Liebe anfüllen und umhüllen.

Jetzt denken wir an denjenigen, der in unserer Nähe ist. Mitgefühl für dessen Schwierigkeiten hochkommen lassen, was sie auch sein mögen, denn Mensch sein heißt: Schwierigkeiten haben. Mitgefühl wegen des bevorstehenden Verfalls und Todes und daraus Liebe entwickeln. Diesen

Menschen dann mit Mitgefühl und Liebe anfüllen und umhüllen.

Und jetzt Mitgefühl und die daraus resultierende Liebe auf alle, die in unserem Haus wohnen, ausbreiten. Das Herz weit öffnen und alle mit Liebe und Mitgefühl umarmen.

Jetzt denken wir an all die Menschen, die in unserer Umgebung wohnen. Mitgefühl für sie hochkommen lassen, denn auch sie haben Schwierigkeiten und sind Verfall und Tod ausgesetzt. Liebe daraus entwickeln und alle Menschen, die um uns herum wohnen, mit Mitgefühl und Liebe anfüllen und umhüllen.

Jetzt das Herz weiter öffnen und Liebe und Mitgefühl zu den Menschen ausstrahlen, die weiter entfernt wohnen. Auch erkennen, dass alle diese Menschen Schwierigkeiten haben, Verfall und Tod ausgesetzt sind, und das Mitgefühl als Grundlage für die Liebe benutzen. Das Herz immer weiter öffnen, sodass Mitgefühl und Liebe immer weiter und weiter in die Ferne strahlen können und immer mehr und mehr Menschen berühren können. Erst die, die in der Nähe sind, und dann immer weiter, bis man das ganze Land und alle Einwohner damit berührt hat.

Jetzt das gleiche Mitgefühl, die gleiche Liebe zu allen ausstrahlen, nicht nur zu den Menschen, sondern auch zu Tieren und Lebewesen, die wir sehen oder nicht sehen, auf dem Land, in der Luft, im Wasser. Alle Lebewesen haben die gleichen Schwierigkeiten und das gleiche Schicksal. Mitgefühl und Liebe ist die Basis des Zusammenlebens.

Und jetzt an die Menschen denken, die zu der eigenen Familie gehören. Auch über sie das Mitgefühl ausschütten, auch sie haben Schwierigkeiten, sind Verfall und Tod unterworfen. Und aus diesem Mitgefühl Liebe entstehen lassen, sie damit anfüllen und umhüllen.

Jetzt an alle guten Freunde und Bekannte denken, mit dem gleichen Gefühl des Mitgefühls und der Liebe. Diese überschütten, füllen und umhüllen.

Wir wollen nun an irgendeinen Menschen denken, mit dem wir vielleicht nicht so gut auskommen. Mitgefühl für ihn hochkommen lassen und für seine Schwierigkeiten, seinen Verfall und Tod und daraus Liebe für diesen schwierigen Menschen entwickeln, ihn damit füllen und umhüllen.

Die Achtsamkeit jetzt wieder auf uns selbst lenken. Tiefes Mitgefühl als Grundlage der Selbsterkenntnis in uns hochkommen lassen. Mitfühlen mit allem, was wir im Leben schwierig finden, und Liebe und Anerkennung dafür empfinden, dass wir oft die Schwierigkeiten meistern können; Liebe für diesen Menschen, den wir kennen und „Ich" nennen, der versucht, sein Menschsein zu transzendieren. Volles Mitgefühl und tiefe Liebe, sich damit füllen und umhüllen.

Mögen alle Lebewesen Mitgefühl
füreinander haben.

Lebenslauf Ayya Khema

Die Ehrw. Ayya Khema wurde 1923 als Kind jüdischer Eltern in Berlin geboren. Als Fünfzehnjährige floh sie mit einem der letzten Kindertransporte vor den Nazis nach Schottland und zwei Jahre später nach Shanghai. 1949 heiratete sie, bekam zwei Kinder und lebte in den USA. Während ihrer zweiten Ehe bereiste sie Südamerika, Asien und führte auf einer eigenen Farm in Australien ein autonomes Landleben. Auf ihren Reisen durch Asien kam Ayya Khema mit dem Buddhismus in Berührung. Nach Jahren der Ausbildung bei namhaften Lehrern in Burma, Thailand, Sri Lanka, USA und Australien begann sie 1975 Meditation und die Lehre des Buddha in der Theravada-Tradition zu vermitteln. Sie ließ sich 1979 zur Nonne ordinieren und gründete in Australien und Sri Lanka Klöster.

Nach 50 Jahren der Abwesenheit kehrte sie auf Bitte ihrer Schüler in ihre Heimat zurück, um die Lehre des Buddha im Westen zu etablieren. 1989 wurde das Buddha-Haus und ein Jahr später der Jhana Verlag gegründet. In ihrem letzten Lebensjahr entstand das erste deutsche Waldkloster Metta Vihara in der Theravada-Tradition.

Ayya Khema hatte die Fähigkeit, aus der Tiefe ihrer Erfahrung heraus, die buddhistische Meditation und die Lehre des Buddha in klare und einfache Worte zu fassen und so die Herzen der Menschen im Innersten zu berühren.

Sie war eine der größten Mystikerinnen des letzten Jahrhunderts und starb im November 1997 im Buddha-Haus im Allgäu.

Das Buddha-Haus ist ein buddhistisches Zentrum der Theravada-Tradition und liegt ca. 130 km südwestlich von München in den Allgäuer Voralpen. Hier finden Meditationskurse für Anfänger und Geübte statt, die von erfahrenen Lehrer*innen geleitet werden, insbesondere von Schüler*nnen von Ayya Khema.

BUDDHA-HAUS
Meditations- und Studienzentrum e.V.
Uttenbühl 5 · 87466 Oy-Mittelberg
Tel. 083 76 / 5 02 · info@buddha-haus.de
www.buddha-haus.de oder www.jhanaverlag.de

BuddhaHaus
Meditations- und Studienzentrum e. V.